This Book Belongs To :

_____

_____

Test Color Page

Test Color Page

Test Color Page

Test Color Page

Test Color Page

Test Color Page

Test color Page

Test Color Page

Test Color Page

Test Color Page

Test Color Page

Test Color Page

Test Color Page

Test Color Page

Test Color Page

Test Color Page

Test Color Page

Test Color Page

Test Color Page

Test Color Page

Test Color Page

Test Color Page

Test Color Page

Test Color Page

Test Color Page

Test Color Page

Test Color Page

Test color Page

Test Color Page

Test Color Page

Test Color Page

Test Color Page

Test Color Page

Test Color Page

Test Color Page

Test Color Page

Test color Page

Test color Page

Test Color Page

Test Color Page

Test Color Page

Test Color Page

Test Color Page

Test Color Page

Test Color Page

Test color Page

Test color Page

Test Color Page

Test Color Page

Test Color Page

Made in the USA
Columbia, SC
24 November 2023